AF728221

1897. Février 20

Vente du Samedi 20 Février 1897

HOTEL DROUOT, SALLE N° 6

à 2 heures

TABLEAUX

Anciens et Modernes

DESSINS, AQUARELLES

PASTELS ET GRAVURES

EXPOSITION PUBLIQUE

LE VENDREDI 19 FÉVRIER 1897

DE 1 HEURE 1/2 A 5 HEURES 1/2

COMMISSAIRE-PRISEUR

Me PAUL CHEVALLIER

10, rue Grange-Batelière, 10

EXPERTS

MM. FÉRAL Père et Fils

54, Faubourg-Montmartre, 54

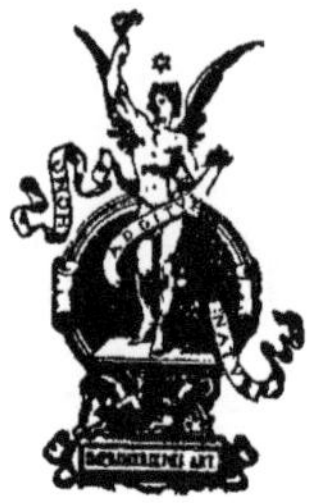

CATALOGUE

DE

TABLEAUX

ANCIENS ET MODERNES

PAR

Appian, Bakalowitz, Baron, Beauverie, Busson
Corot, Duvieux, Dumaresq, Français, Gudin, Hintz, Huguet
Iwill, Leprince, Luminais
De Neuville, Pasini, Petit, Swebach, etc.

DESSINS

AQUARELLES, PASTELS, GRAVURES

DONT LA VENTE AURA LIEU

HOTEL DROUOT, SALLE N° 6

Le Samedi 20 Février 1897

à 2 heures

COMMISSAIRE-PRISEUR

Me PAUL CHEVALLIER

10, rue Grange-Batelière, 10

EXPERTS

MM. FÉRAL Père et Fils

54, Faubourg-Montmartre, 54

EXPOSITION PUBLIQUE

Le Vendredi 19 Février 1897, de 1 heure 1/2 à 5 heures 1/2

CONDITIONS DE LA VENTE

Elle sera faite au comptant.

Les acquéreurs payeront *cinq pour cent* en sus des adjudications.

Paris. — Imp. de l'Art, E. Moreau et Cie, 41, rue de la Victoire.

DÉSIGNATION

TABLEAUX

ANCIENS ET MODERNES

APPIAN

1 — *Mer houleuse.*

BAKALOWITZ

2 — *Jeune femme à mi-corps.*

BAKALOWITZ

3 — *Jeune femme en buste.*

BAPTISTE MONNOYER (Genre de)

4 — *Fleurs dans un vase.*

BARON (HENRI)

5 — *Le Repos à la campagne.*

BARON (S.)

6 — *Diane au bain.*

BARON (S.)

7 — *Faust et Marguerite.*

BARON (S.)

8 — *Espagnol pinçant de la guitare.*

BARON (S.)

9 — *Les Femmes des naufragés.*

BARON (S.)

10 — *Une Famille de pêcheurs.*

BARON (S.)

11 — *La Tireuse de cartes.*

BEAULIEU (De)

12 — *Le Bain au Harem.*

BEAUVERIE

13 — *Un Coin de Paris pendant l'hiver 1890.*

BELLANGER

14 — *La Fermière coquette.*

BENARD (Eug.)

15 — *Sauvetage de l'Ardville, à Boulogne.*

BILLOT

16 — *Barques de pêche gagnant la pleine mer.*

BOULANGER (Gustave)

17 — *Le Gué.*

BRIELMAN (J.-A.)

18 — *Forges de Commentry.*

BRIELMAN (J.-A.)

19 — *Pardon, en Bretagne.*

BONFILS

20 — *Jeunes pêcheurs tenant une pieuvre.*

BUSSON (Ch.)

21 — *Vaches à l'abreuvoir ; effet d'automne.*

BUSSON (Ch.)

22 — *Château en ruine.*

Étude

CAYLU

23 — *Marine.*

COIGNARD

(DEUX PENDANTS)

24 — *Pâturages.*

COROT

25 — *Environs de Cayeux.*

Étude signée.

COROT (Genre de)

26 — *La Mare.*

COUTURIER

27 — *La Basse-Cour.*

COYPEL (Genre de)

28 — *Vénus et Adonis.*

DEMAY (Attribué à)

(DEUX PENDANTS)

29 — *Foires de village.*

DESBROSSES (JEAN)

30 — *Troupeau de moutons à l'entrée d'un bois.*

DESBROSSES (Jean)

31 — *Chemin creux et cavalier.*

DESBROSSES (Jean)

32 — *Route de la cascade de Géhard (Vosges).*

DESBROSSES (Jean)

33 — *Effet de pluie sur un lac.*

DESHAYES

34 — *Ferme en Normandie.*

DE PENNE (Octave)

35 — *Une Battue dans un bois.*

DETOUCHE

36 — *La Jeune Mère.*

DETOUCHE

(deux pendants)

37 — *Musiciens ambulants.*

DIAQUÉE

38 — *La Convalescence.*

DRACOPOLIS

39 — *Objets divers posés sur une table.*

DUMARESQ (Armand)

40 — *Factionnaire à la porte d'une ambulance.*

DUVIEUX

41 — *Vue d'Orient.*

FERUCCI

42 — *La Distribution des pains.*

FRANÇAIS

43 — *Plage avec bateau de pêche; effet de soleil couchant.*

GABÉ

44 — *Mer houleuse et bateaux dans les récifs.*

GAUTIER (A.)

45 — *Plage à marée basse.*

GEGERFELT (W. de)

46 — *Un Soir d'hiver en Suède.*

GIROUX (André)

47 — *La Chapelle d'Osni.*

GRAILLY (de)

48 — *Paysage avec figures et animaux; effet de soleil couchant.*

GRENET

49 — *Paysage; effet de soleil couchant.*

GUDIN

(deux pendants)

50 — *Marines avec bateaux à voiles.*

HANOTEAU

51 — *Entrée de village; effet de crépuscule.*

HINTZ

52 — *Plage à marée basse.*

HORSIN-DÉON (L.)

53 — *Vive le vin!*

HUGUET (V.)

54 — *Arabes faisant halte auprès d'une mare.*

*

IWILL

55 — *Marine; effet de soleil couchant.*

KABEL (Genre de VAN DER)

(DEUX PENDANTS)

56 — *Ports de mer.*

LAFON (FRANÇOIS)

57 — *Nymphes dans un bois.*

LAGRENÉE (Genre de)

58 — *La Muse de la musique.*

Dessus de porte.

LASELLAZ

59 — *Loge d'actrice.*

LANSAC (D'après DE)

60 — *Napoléon Ier au milieu de son armée.*

LE POITTEVIN (LOUIS)

61 — *Le Bord du lac.*

LE PRINCE (Attribué à)

62 — *Famille de villageois.*

LUMINAIS (Genre de)

63 — *Berger arabe tenant une massue.*

LUPAS

64 — *Grande-Rue, à Luxeuil.*

MAGY (Jules)

65 — *Berger arabe gardant des chèvres.*

MALITAURNE

66 — *Village arabe.*

NÈGRE (A.)

67 — *Plage; effet de soleil couchant.*

NEUVILLE (A. de)

68 — *Une Retraite.*

(*Vente de Neuville, 1886, n° 125 du Catalogue.*)

PASINI

69 — *Fantasia arabe; effet de soleil couchant.*

PETERS (Bonaventure)

70 — *Le Naufrage.*

PETIT

71 — *Marine; effet de soleil couchant.*

PROTAIS

72 — *Zouaves pêchant à la ligne.*

RAOUX (Genre de)

73 — *Les Moissonneurs.*

RÉGNIER

74 — *Jeune Femme au repos.*

ROSQUOZ (?)

75 — *Plage à marée basse.*

SWEBACH (Genre de)

76 — *Cavaliers au repos.*

VAN LOO (École de)

77 — *Le Christ et des Anges.*

VERNET (D'après J.)

78 — *Port de mer.*

79 — *Paysage avec figures et animaux.*

VILLEVIEILLE

80 — *Le Village de Barbizon.*

VITAL (R.)

81 — Deux pendants. *Marines hollandaises.*

YARZ (Ed.)

82 — *Vue d'Orient.*

ZUGMEYER (L.)

83 — *Intérieur de tabagie.*

ÉCOLE ALLEMANDE

84 — *Le Concert.*

85 — *La Collation.*

Toiles décoratives.

86 — *Portrait de femme.*

ÉCOLE HOLLANDAISE

87 — *Cheval attaché par la bride.*

88 — *Les Joueurs de jacquet.*

ÉCOLE FRANÇAISE

89-90 — Deux pendants. *Portrait de jeune femme vêtue d'une robe bleue décolletée,* et *Portrait d'homme drapé dans un manteau.*

ÉCOLE FRANÇAISE

91 — *Cavalier russe.*

92 — *Le Cygne et Léda.* (D'après Fragonard.)

93 — Deux pendants. *Sujets galants.*

94 — *Sujet biblique.*

Esquisse.

ÉCOLE ITALIENNE

95 — *Joseph et Madame Putiphar.*

96 — *Tête d'homme.*

ÉCOLE MODERNE

97 — *La Récolte des pommes de terre.*

98 — *Paysage avec cours d'eau.*

99 — *Paysage coupé par une route.*

100 — *Vue de Dieppe.*

101 — *Le Quai Henri-IV, à Dieppe.*

102 — *Vue de Suisse.*

103 — *Port de mer.*

104 — *Le Puits.*

105 — *Paysanne au repos.*

106 — *Maison arabe.*

ÉCOLE MODERNE

107 — *Le Chemin du village.*

108 — *Le Maréchal ferrant.*

109 — *L'Abreuvoir.*

110 — *Bateaux partant pour la pêche.*

111 — *Animaux à l'abreuvoir.*

112 — *Le Coup de vent.*

INCONNU

113 — *Vues de Suisse.* (Deux pendants de forme ovale.)

114 — Sous ce numéro, qui sera divisé, sept peintures à l'huile de différentes écoles.

DESSINS, AQUARELLES

PASTELS ET GRAVURES

AUBERTIER

(DEUX PENDANTS)

115 — *Assemblées élégantes.*

Pastels.

BARBOT

116 — *Vue d'Orient.*

Aquarelle.

BARON (S.)

117 — *La Cour à Versailles.*

Aquarelle gouachée.

BARON (S.)

118 — *Les Plaisirs d'été.*

Aquarelle feuille d'éventail.

BARON (S.)

119 — *La Châtelaine.*

Aquarelle.

BENNER (E.)

120 — *Nymphe au repos.*

Mine de plomb.

BOUCHER (Genre de F.)

121 — *La Baigneuse.*

Dessin à la pierre d'Italie.

BROCHART

(DEUX PENDANTS)

122 — *Portraits de jeunes femmes.*

Pastels.

CHARLET

123 — *En Promenade.*

Dessin à la sépia.

CICERI (EUG.)

124 — *Bord de rivière.*

Aquarelle gouachée.

DECAMPS (Attribué à)

125 — *Maison arabe au bord d'une mare.*

Dessin au crayon noir rehaussé de blanc.

DUMARESQ

126 — *Après la Bataille.*

Aquarelle.

GÉRICAULT (Genre de)

127 — *Cheval en marche.*

Dessin à la plume.

HECHT (H.)

128 — *Les Bords d'un lac.*

Crayon noir.

LAVEZZARI

129 — *Barques échouées sur la plage.*

Aquarelle.

LAUVERJAT

130 — *Le Parc.*

Aquarelle.

MAGY (Jules)

131 — *Berger arabe descendant une colline.*

Aquarelle.

MAGY

132 — *Le Simoun.*

Aquarelle.

PROTAIS

133 — *La Sentinelle.*

Dessin au crayon noir.

REYNAUD

134 — *Espagnole au repos.*

Aquarelle.

SAINT-FRANÇOIS

135 — *Les Meules.*

Dessin au crayon noir rehaussé de blanc.

VIANELLI

136 — *Paysans italiens dans leur demeure.*

Sépia.

ÉCOLE FRANÇAISE

137 — *Villageois en voyage.*

Dessin à l'encre de Chine.

ÉCOLE MODERNE

138 — *Fleurs de pommier.*

Aquarelle.

139 — *Sous Bois.*

Aquarelle.

140 — Quatre Gravures encadrées.

141 — **Un lot de Gravures de différentes Écoles.**

www.ingramcontent.com/pod-product-compliance
Ingram Content Group UK Ltd.
Pitfield, Milton Keynes, MK11 3LW, UK
UKHW032032260826
14628UKWH00006B/2904

9 782329 529059